Cazadores de formas

Las formas en la escuela

por Jenny Fretland VanVoorst

Bullfrog Books

Ideas para padres y maestros

Bullfrog Books permite a los niños practicar la lectura de texto informacional desde el nivel principiante. Repeticiones, palabras conocidas y descripciones en las imágenes ayudan a los lectores principiantes.

Antes de leer

- Hablen acerca de las fotografías. ¿Qué representan para ellos?
- Consulten juntos el glosario de fotografías. Lean las palabras y hablen de ellas.

Lean en libro

- "Caminen" a través del libro y observen las fotografías. Deje que el niño haga preguntas. Señale las descripciones en las imágenes.
- Lea el libro al niño, o deje que él o ella lo lea independientemente.

Después de leer

- Inspire a que el niño piense más. Pregunte: ¿Qué formas has visto en tu aula? ¿En el recreo?

Bullfrog Books are published by Jump!
5357 Penn Avenue South
Minneapolis, MN 55419
www.jumplibrary.com

Library of Congress Cataloging-in-Publication Data

Fretland VanVoorst, Jenny, 1972– author.
 [Shapes at school. Spanish]
 Las formas en la escuela / por Jenny Fretland VanVoorst.
  pages cm. — (Cazadores de formas)
 "Bullfrog Books are published by Jump!."
 Audience: Ages 5–8.
 Audience: Grades K to 3.
 Includes index.
 ISBN 978-1-62031-248-3 (hardcover: alk. paper) —
 ISBN 978-1-62496-335-3 (ebook)
 1. Shapes—Juvenile literature.
 2. Schools—Juvenile literature. I. Title.
 QA445.5.F74418 2016
 516.15—dc23

                          2015008458

Series Designer: Ellen Huber
Book Designer: Lindaanne Donohoe
Translator: RAM Translations

Photo Credits: All photos by Shutterstock except: age fotostock, 22br; Dreamstime, 4, 5; Fotosearch, 16–17; iStock, 6–7, 20, 23tr; SuperStock, 12, 14, 22tr; Thinkstock, 20–21, 22tl.

Printed in the United States of America at Corporate Graphics in North Mankato, Minnesota.

Tabla de contenido

Las formas en la escuela

Una escuela está llena de formas.

¿Cuántas puedes encontrar?

La Sra. Pérez escribe en el pizarrón.

Es un rectángulo.

Así son los caballetes.

Y también el papel.

¡Vamos a pintar!

Un círculo se cuelga
en la pared.

¡El reloj!

¿Qué hora es?

Es hora de
almorzar.

Luis toma
una bandeja.

Tiene rectángulos y círculos.

Muestran donde va la comida.

Lola trae su almuerzo.

¿Qué comerá?

Un sándwich cortado
en triángulos.

¡Mmm!

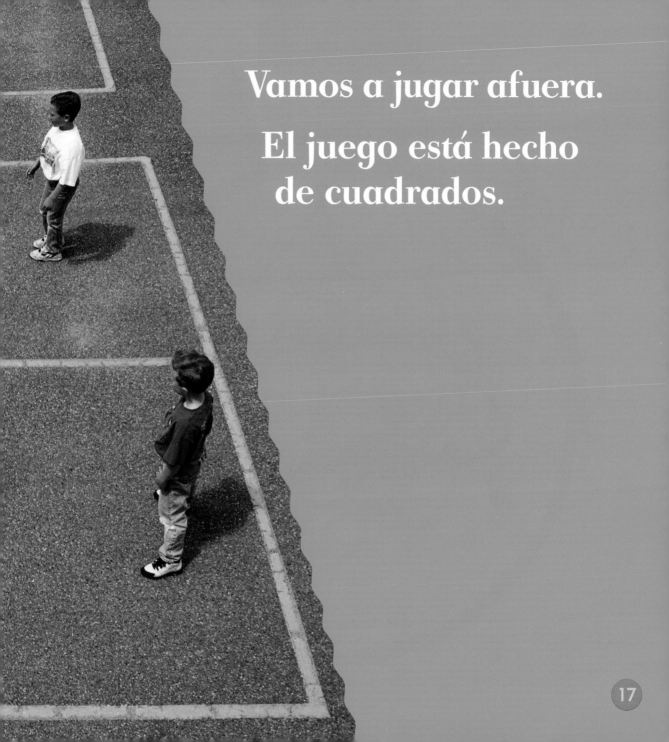

Vamos a jugar afuera.

El juego está hecho
de cuadrados.

Este aro es un círculo.

Juan tira.

¡Anota!

19

De regreso a clase.

El Sr. González califica
nuestro examen.

¿Cuál es esta forma?

¿Qué significa?

Más formas en la escuela

corazones

cuadrados

rectángulo

estrellas

Glosario con fotografías

bandeja
Un traste largo y plano con asas para cargar cosas.

calificar
Revisar una tarea para corregirla.

caballete
Un soporte que utiliza un artista para sostener su cuadro.

pizarrón
Una tabla que utilizan los maestros para compartir información con sus alumnos.

Índice

Para aprender más

Aprender más es tan fácil como 1, 2, 3.

1) Visite www.factsurfer.com

2) Escriba "laescuela" en la caja de búsqueda.

3) Haga clic en el botón "Surf" para obtener una lista de sitios web.

Con factsurfer.com, más información está a solo un clic de distancia.